AF546627
www.entdecke.de

Entdecke die Menschenaffen
Gorilla, Orang-Utan & Co.
Thomas & Agnes Wilms

Titelbild: Sumatra-Orang-Utan, Jungtier
Rückseite: Bonobo-Jungtier (oben)
Flachland-Gorilla, junger Silberrücken (unten)

Seite 1: Schimpanse
Seite 2/3: Orang-Utan; Seite 4/5: Bonobo

ISBN: 978-3-86659-308-4 4. Auflage 2026

An der Kleimannbrücke 39/41
48157 Münster
Tel.: 0251-13339-0
Fax: 0251-13339-33
E-Mail: verlag@ms-verlag.de
Home: www.ms-verlag.de
Geschäftsführung: Matthias Schmidt
Layout: Barbara Leibig – grafikwerkstatt – BueroB
Lektorat und Bildredaktion: Kriton Kunz
Druck: Drusala, Dobrá

Titelbild: Minden Pictures, Fiona Rogers / ARCO
Rückseite: oben, GlobalP / mitte, GlobalP / Thinkstock
Vorsatzpapier: NPL, Andy Rouse / ARCO

Arco Images GmbH
Seite 1: Minden Pictures, Cyril Ruoso
Seite 2/3: Minden Pictures, Fiona Rogers
Seite 4/5: Minden Pictures, Cyril Ruoso
Seite 6: unten: NPL, Edwin Giesbers
Seite 7: ganze Seite: Minden Pictures, Cyril Ruoso
Seite 8: links unten: Minden Pictures, Ingo Arndt
Seite 8: unten: Minden Pictures, Gerry Ellis
Seite 8: unten: Minden Pictures, Gerry Ellis
Seite 9: unten: Anup Shah
Seite 10: ganze Seite: Minden Pictures, Cyril Ruoso
Seite 11: oben links: NPL, Karl Ammann
Seite 11: oben rechts: Minden Pictures , Cyril Ruoso
Seite 11: unten: Minden Pictures Mitsuaki Iwago
Seite 12: ganze Seite: Anup Shah
Seite 13: oben: Minden Pictures, Shin Yoshino
Seite 13: rechts oben: Minden Pictures, Thomas Marent
Seite 13: rechts unten: Minden Pictures, Cyril Ruoso
Seite 14+15: imageBROKER, Robert Haasmann
Seite 14: oben: Minden Pictures, Cyril Ruoso
Seite 14: unten links: NPL, Bruce Davidson
Seite 14: unten rechts: Minden Pictures, Thomas Marent
Seite 15: unten: Minden Pictures, Mitsuaki Iwago
Seite 16: Minden Pictures, Cyril Ruoso
Seite 17: unten: Minden Pictures, Suzi Eszterhas
Seite 18: unten: NPL, Fiona Rogers
Seite 19: Kreis: G. Lacz
Seite 19: rechts oben: E. Baccega
Seite 20: ganze Seite: Minden Pictures, Ingo Arndt
Seite 20: oben links: Anup Shah
Seite 20: unten links: Minden Pictures, Konrad Wothe
Seite 21: oben: NPL, Andy Rouse
Seite 21: unten: P. Wegner
Seite 22: oben: NPL, Fiona Rogers
Seite 22: Mitte: Minden Pictures, Thomas Marent
Seite 22: unten: NPL, Fiona Rogers
Seite 23: ganze Seite: imageBROKER, Matthias Graben
Seite 24: oben: Minden Pictures, Cyril Ruoso
Seite 24: unten links: Minden Pictures, Duncan Usher
Seite 24: unten rechts: Minden Pictures, Suzi Eszterhas
Seite 25: oben rechts: Minden Pictures, Suzi Eszterhas
Seite 25: unten: FLPA, Terry Whittaker
Seite 26: unten: NPL, Bruce Davidson
Seite 27: ganze Seite: G. Lacz
Seite 28: oben: Minden Pictures, Cyril Ruoso
Seite 28: unten: Minden Pictures, Cyril Ruoso
Seite 29: oben links: Minden Pictures, Cyril Ruoso
Seite 29: oben rechts: Minden Pictures, Fiona Rogers
Seite 30: oben: NPL, Georgette Douwma
Seite 30: unten links: NPL, Edwin Giesbers
Seite 30: unten rechts: Minden Pictures, Fiona Rogers
Seite 31: Minden Pictures, Misja Smits/ Buiten-beeld
Seite 32: unten: Minden Pictures, Thomas Marent
Seite 33: oben links: Minden Pictures, Konrad Wothe
Seite 33: oben rechts: Minden Pictures, Konrad Wothe
Seite 34: ganze Seite: Anup Shah
Seite 35: oben rechts: Minden Pictures, Hiroya Minakuchi
Seite 35 unten: Minden Pictures, Fiona Rogers
Seite 36: ganze Seite: Minden Pictures, Konrad Wothe
Seite 37: oben rechts: Minden Pictures, Fiona Rogers
Seite 37: unten rechts: Minden Pictures, Cyril Ruoso
Seite 38: links: Minden Pictures, Suzi Eszterhas
Seite 39: oben: Anup Shah
Seite 39: unten: Anup Shah
Seite 40: oben rechts: Anup Shah
Seite 40: oben links: Minden Pictures, Cyril Ruoso
Seite 41: oben: NPL, Karl Ammann
Seite 41: unten: TUNS
Seite 42: oben links: Minden Pictures, Cyril Ruoso
Seite 42: oben rechts: Minden Pictures, Cyril Ruoso
Seite 42: unten: G. Lacz
Seite 43: oben: Anup Shah
Seite 43: rechts: Minden Pictures, Cyril Ruoso
Seite 44: oben: Westend61, Milan Radulovic
Seite 44: mitte: Minden Pictures, Thomas Marent
Seite 44: unten: Minden Pictures, Ch'ien Lee
Seite 45: oben: NPL, Karl Ammann
Seite 45: links: NPL, Karl Ammann
Seite 45: rechts: Minden Pictures, Sebastian Kennerknecht
Seite 46: oben: Anup Shah
Seite 46: Mitte: Anup Shah
Seite 47: oben: Minden Pictures, Cyril Ruoso
Seite 47: Mitte: Anup Shah
Seite 48: ganze Seite: NPL, Fiona Rogers
Seite 48: links: Minden Pictures, Cyril Ruoso
Seite 49: oben links: Minden Pictures, Thomas Marent
Seite 49: oben rechts: Minden Pictures, Cyril Ruoso
Seite 49: unten: Anup Shah
Seite 50: oben links: imageBROKER, Olaf Krüger
Seite 50: Mitte: Minden Pictures, Suzi Eszterhas
Seite 51: ganze Seite: Sunbird Images, D. Najak
Seite 53: rechts: NPL, Konrad Wothe
Seite 54: unten: TUNS
Seite 55: ganze Seite: Minden Pictures, ZSSD

Fotolia:
Seite 46/47: Mitte: Thomas Söllner

mauritius images international
Seite 17: oben rechts, Alamy
Seite 29: rechts: NPL / Andrew Walmsley

Shutterstock
Seite 6: oben rehts: Eric Isselee
Seite 6: Mitte: Aaron Amat
Seite 8: links oben: Shutterstock, Dinoton

Thinkstock Images International
Seite 9: oben: Thinkstock, GlobalP
Seite 25: Mitte: scanrail
Seite 26: oben: GlobalP
Seite 32: oben: neuson11
Seite 56: unten: GlobalP

Inhaltsverzeichnis

Hochinteressant ist die Welt der Menschenaffen! Schau Dir nur den intelligenten, neugierig forschenden Blick dieses Bonobos an.

Willkommen in der Welt der Menschenaffen!

Um Gorillas, Orang-Utans oder Schimpansen wie diesen hier einmal in freier Natur zu erleben, sind weite Reisen nötig. Sicher aber hast Du Menschenaffen schon einmal im Zoo beobachtet und warst von ihnen begeistert. Ist es nicht unglaublich, wie ähnlich sie uns Menschen sind?

Zu den Menschenaffen zählen Gorillas, Schimpansen, Bonobos und Orang-Utans. Heute wissen wir, dass auch der Mensch zu den Menschenaffen gehört, da unsere nächsten Verwandten unter den Tieren die Schimpansen und Bonobos sind. Die Wissenschaftler unterscheiden insgesamt acht Arten von Menschenaffen. Es sind dies neben uns Menschen der Westliche Gorilla, der Östliche Gorilla, der Schimpanse, der Bonobo, der Sumatra-Orang-Utan, der Tapanuli-Orang-Utan sowie der Borneo-Orang-Utan.

Junge Menschenaffen wie dieses Bonobo-Baby sind einfach putzig!

Menschenaffen, hier ein Gorilla-Männchen, sind unsere nächsten Verwandten

Außer uns Menschen hat es keine andere Art der Menschenaffen geschafft, sich weltweit auszubreiten. Gorillas, Schimpansen, Bonobos (auch Zwergschimpansen genannt) und Orang-Utans sind Bewohner tropischer Regen- und Trockenwälder. Während Gorillas, Schimpansen und Bonobos in Afrika beheimatet sind, leben Orang-Utans auf den zu Indonesien gehörenden Inseln Borneo und Sumatra.

Die verschiedenen Menschenaffenarten unterscheiden sich in ihrer Lebensweise. Je nach Art leben sie entweder überwiegend auf Bäumen oder halten sich vorwiegend am Boden auf. Am besten an das Leben auf Bäumen sind die Orang-Utans angepasst, während beispielsweise die zu den Östlichen Gorillas gehörende Unterart der Berggorillas fast immer am Boden anzutreffen ist.

Zusammen mit Dir und der schlauen Eule Xabi möchten wir nun einen Streifzug durch die faszinierende Welt von Gorilla, Orang-Utan & Co unternehmen und Dir viel Erstaunliches und Spannendes zeigen!

Enge Familienbande pflegen auch Menschenaffen wie diese Orang-Utans

„Lausen“ – mehr als Körperpflege

Dieses Verhalten von Menschenaffen ist Dir sicher bekannt. Doch wozu „lausen“ sich die Affen eigentlich? Lausen oder besser „Grooming“ (sprich „Gruuming“) dient den Affen zur Fellpflege. Da es in tropischen Regionen auch sehr viele Parasiten gibt, müssen die Affen gegenseitig ihr Fell nach lästigem Ungeziefer untersuchen. Dem einen oder anderen schmeckt ein Leckerbissen in Form einer Zecke sehr gut! Doch das Grooming ist auch sehr wichtig für den Zusammenhalt einer Gruppe! Bei der wohltuenden Fellpflege schüttet der Körper ein Glückshormon aus, das auch als Kuschelhormon bezeichnet wird. Das stärkt die Bindung zu den einzelnen Mitgliedern innerhalb einer Gruppe.

Menschen und Menschenaffen – nahe Verwandtschaft

Hier siehst Du einen Schädel des „Vormenschen" *Australopithecus*

Der älteste gemeinsame Vorfahre von Menschen, Gorillas, Bonobos und Schimpansen lebte vor etwa 13 Millionen Jahren in Afrika. Wissenschaftler nehmen heute an, dass sich etwa zu dieser Zeit auch die Entwicklungslinie der afrikanischen Menschenaffen von den Vorfahren der Orang-Utans getrennt hat. Die Vorfahren der Schimpansen und diejenigen von uns Menschen trennten sich vor etwa vier bis sieben Millionen Jahren. Für uns sind dies unvorstellbar lange Zeiträume – vor allem wenn Du Dir vorstellst, dass der Mensch, wie Du ihn heute kennst, erst seit ungefähr 150 000 Jahren existiert. Der heutige Mensch entstand in Afrika und breitete sich von dort über die gesamte Erde aus. Auf dem Weg dazu gab es eine große Anzahl verschiedener weiterer Menschenarten, die alle heute bereits wieder ausgestorben sind. Die bekanntesten Arten sind der Neandertaler und der *Homo habilis*, der „Geschickte Mensch". Wo die exakte Grenze zwischen dem heutigen, „modernen Menschen" und den „Vormenschen" liegt, wissen Forscher bis heute nicht!

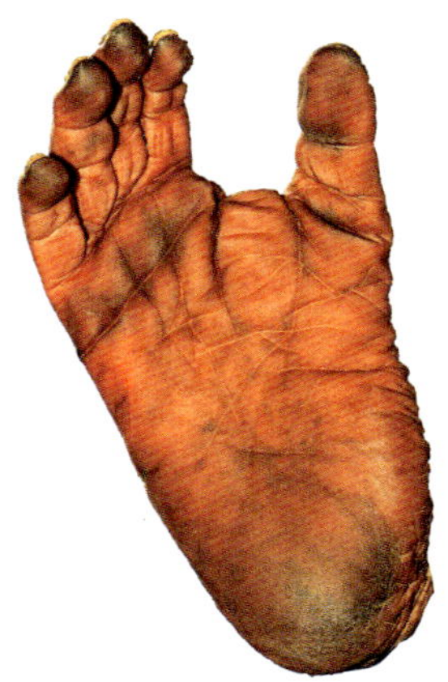

Im Gegensatz zum Menschen kann der Schimpanse seine große Zehe wie einen Daumen benutzen, um Dinge zu greifen oder geschickt zu klettern

Vom Affen zum Menschen?

Sicher hast Du schon einmal gehört, der Mensch stamme vom Affen ab. Das musst Du Dir aber nicht so vorstellen, dass wir Menschen uns aus Schimpanse, Bonobo und Co. entwickelt hätten. Vielmehr hatten der Mensch und die Menschenaffen einen gemeinsamen Vorfahren, der vor vielen Millionen Jahren lebte. Unter den Menschenaffen sind der Bonobo und der Schimpanse unsere nächsten Verwandten. Auf diesem Foto beobachten sich Mensch und Berggorilla gegenseitig.

Knöchelgang

Der Knöchelgang ist eine vierfüßige Gangart bei Gorillas und Schimpansen. Die Füße werden dabei mit den Sohlen aufgesetzt, während von den Händen nur die Rückseite der mittleren Fingerglieder den Boden berührt.

Was die heute noch lebenden Menschenaffen angeht, sind wir Menschen am nächsten mit den beiden Schimpansenarten (Schimpanse und Bonobo) verwandt. Das konnten Wissenschaftler durch die Untersuchung des Erbgutes nachweisen. Doch nicht nur über eine gemeinsame Entwicklungsgeschichte haben wir viel mit Menschenaffen gemeinsam. Das Verhalten der Tiere, Gestik und Mimik sind unserer sehr ähnlich. Die Intelligenz der Menschenaffen wurde lange unterschätzt. Die schlauen Tiere besitzen die Fähigkeit, Probleme zu erkennen und zu lösen, teilweise sogar mithilfe selbst angefertigter Werkzeuge.

Menschenaffen sind dank ihrer Intelligenz sogar dazu in der Lage, über Artgrenzen hinaus mit uns zu kommunizieren. Ein bemerkenswertes Beispiel dazu ist das Gorillaweibchen Koko. Koko lebt in einem Forschungsinstitut in den USA. Sie versteht gesprochenes Englisch und kann sich ihrer Trainerin mittels Zeichensprache mitteilen. Es stellte sich heraus, das Koko über die Vergangenheit, die Gegenwart und sogar die Zukunft sprechen kann. Mit der Zeit entwickelte sie sogar ihre eigene Art Humor und kann mit der Trainerin scherzen.

Zoologische Namen

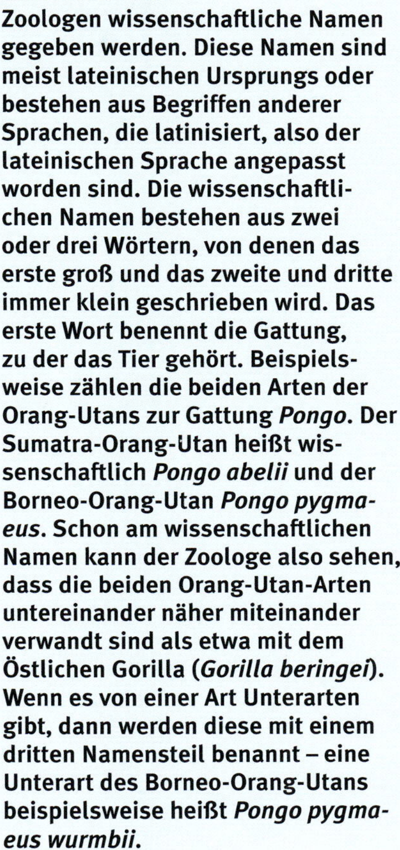

Du hast sicher schon gesehen, dass Tieren von Zoologen wissenschaftliche Namen gegeben werden. Diese Namen sind meist lateinischen Ursprungs oder bestehen aus Begriffen anderer Sprachen, die latinisiert, also der lateinischen Sprache angepasst worden sind. Die wissenschaftlichen Namen bestehen aus zwei oder drei Wörtern, von denen das erste groß und das zweite und dritte immer klein geschrieben wird. Das erste Wort benennt die Gattung, zu der das Tier gehört. Beispielsweise zählen die beiden Arten der Orang-Utans zur Gattung *Pongo*. Der Sumatra-Orang-Utan heißt wissenschaftlich *Pongo abelii* und der Borneo-Orang-Utan *Pongo pygmaeus*. Schon am wissenschaftlichen Namen kann der Zoologe also sehen, dass die beiden Orang-Utan-Arten untereinander näher miteinander verwandt sind als etwa mit dem Östlichen Gorilla (*Gorilla beringei*). Wenn es von einer Art Unterarten gibt, dann werden diese mit einem dritten Namensteil benannt – eine Unterart des Borneo-Orang-Utans beispielsweise heißt *Pongo pygmaeus wurmbii*.

Auf dem Gelände einer Auswilderungsstation reichen sich ein Junge und ein Schimpanse die Hand

Ganz schön menschenähnlich schaut uns dieser Schimpanse an

Die berühmte Forscherin Jane Goodall machte die Erforschung von Schimpansen zu ihrer Lebensaufgabe

Trotz aller Unterschiede teilen Mensch und Menschenaffe, hier ein Bonobo, viele Gemeinsamkeiten

In Größe und Gewicht unterscheiden wir Menschen uns als Neugeborene zum Teil sehr von unseren nächsten Verwandten. Forscher haben untersucht, ob es auch im Verhalten zwischen Menschen-, Schimpansen- und Bonobobabys Unterschiede gibt. Es stellte sich heraus, dass am Anfang die Gesten sehr ähnlich sind. So werden beispielsweise von allen die Arme hochgereckt, um zu signalisieren, dass sie auf den Arm genommen werden wollen. Im Gegensatz zu den Affenbabys lernen Menschenkinder jedoch sehr schnell, die Gesten mit Geräuschen zu unterstreichen. Diese Beobachtung ist ein Hinweis darauf, dass die Fähigkeit, Gesten und Laute zu kombinieren, wichtig für die Entwicklung unserer Sprache ist.

Fingerabdruck

Die Polizei kann Verbrecher manchmal daran überführen, dass sie am Tatort ihren Fingerabdruck zurückgelassen haben: Denn dieser ist bei jedem Menschen anders und einzigartig. Aber nicht nur Menschen und Menschenaffen, sondern alle Affenarten tragen auf den Handflächen und Fingern ein individuelles Linienmuster. Diese Linien werden Papillarleisten genannt und sind dafür verantwortlich, dass jeder Affe einen einzigartigen Fingerabdruck hat.

Ein Weibchen des Sumatra-Orang-Utans mit seinem Jungen klettert durch seinen Dschungel-Lebensraum

Schwindelfrei läuft dieser Borneo-Orang-Utan in luftiger Höhe über dem Urwald

Hände und Füße sind daran angepasst, einen sicheren Griff im Geäst zu bieten

Tropischer Lebensraum

Alle Menschenaffenarten – wenn wir ab jetzt von Menschenaffen sprechen, sind immer alle Arten außer dem Menschen gemeint – kommen je nach Art von Meereshöhe bis auf eine Höhe von etwa 3 800 Metern vor. In ihrem natürlichen Lebensraum sind sie Bewohner tropischer Wälder. Bäume spielen daher für alle Arten eine wichtige Rolle als Nahrungslieferant, Klettermöglichkeit und Baumaterial für Schlafnester und Werkzeuge. Von allen Menschenaffen sind die drei Orang-Utan-Arten die besten Kletterer. Sie verlassen die Urwaldriesen, auf denen sie leben, nur selten, um sich auf dem Boden fortzubewegen. Auffällig ist, dass Borneo-Orang-Utans sich häufiger am Boden aufhalten als die Orang-Utans von der Insel Sumatra. Dies ist sehr wahrscheinlich darauf zurückzuführen, dass es auf Borneo keine Tiger gibt, die für die Orang-Utans am Boden gefährlich werden könnten.

Um sich im Kronendach fortzubewegen, nutzen Orang-Utans Lianen, an denen sie von Baum zu Baum schwingen. Da erwachsene Männchen in der Natur bis zu 100 Kilogramm schwer werden, müssen sie besonders darauf achten, nur ausreichend starke Äste und Lianen zu nutzen. Wenn sie keine solchen stabilen Kletterhilfen erreichen können, steigen sie aus den Bäumen herab, um sich am Boden zu den nächsten Bäumen zu bewegen.

Seine langen Arme erlauben es dem Orang-Utan, auch weiter entfernte Äste zu ergreifen

Ein Ostafrikanischer Schimpanse im Gombe-Nationalpark in Tansania

Die afrikanischen Menschenaffen sind weniger stark an Bäume gebunden. Sie verlassen regelmäßig das Kronendach, um Futter zu suchen, um sozialen Aktivitäten mit anderen Gruppenmitgliedern nachzugehen oder um in ihrem Revier längere Strecken zu wandern. Schimpansen und Bonobos verbringen etwa die Hälfte ihrer Zeit in Bäumen. Am wenigsten klettern erwachsene männliche Berggorillas. Sie halten sich nur zu etwa drei Prozent ihrer aktiven Zeit auf Bäumen auf – ganz im Gegensatz zu den Jungtieren und den weniger schweren Weibchen.

Orang-Utans, Schimpansen und Bonobos schlafen während der Nacht meist in selbst gebauten Nestern hoch in den Bäumen, während Gorillas ihre Nester meist am Boden herrichten. Die Nester bestehen aus Pflanzenmaterial wie etwa Zweigen, das sich die Tiere zu stabilen Plattformen im Baum oder am Boden verweben. Damit alles schön weich ist, polstern die Affen ihr „Bett" mit Blättern.

Westliche Flachland-Gorillas begegnen Waldelefanten

Ein Trupp Berggorillas durchstreift seinen Lebensraum an Berghängen Ostafrikas

Der Lebensraum des Berggorillas in Uganda ist sehr dicht mit verschiedensten Pflanzen bewachsen

Keine Wasserratten

Menschenaffen können – wie auch der Mensch – nicht instinktiv schwimmen. In der Natur meiden sie tiefe Gewässer und halten sich höchstens am Ufer im knietiefen Wasser auf. Trotzdem haben Wissenschaftler beobachtet, dass Menschenaffen durchaus in der Lage sind, das Schwimmen und sogar das Tauchen zu lernen.

Ganz schön durchnässt ist dieser Berggorilla nach einem Regenschauer, wie sie in seinem Lebensraum häufig niedergehen

Gorillas – sanfte Riesen

In Hollywood-Filmen wie King Kong werden Gorillas oft als Monster dargestellt, die nur wenig intelligent sind und über eine extrem ausgeprägte Aggressivität verfügen. In Wirklichkeit sind jedoch sowohl Westliche Gorillas als auch die noch imposanteren Östlichen Gorillas sehr sanfte und friedliche Tiere mit einem ausgeprägten Familiensinn. Von beiden Arten gibt es Unterarten. Die bekanntesten Unterarten sind die zu den Östlichen Gorillas gehörenden Berggorillas und die zu den Westlichen Gorillas zählenden Westlichen Flachlandgorillas.

Im Film ist der Riesen-Gorilla King Kong eine gefährliche Bestie

Wie alle Menschenaffen sind Gorillas während des Tages aktiv. Die Tiere erwachen mit dem Sonnenaufgang am frühen Morgen und sind dann in der Regel bis zur Mittagszeit aktiv. Über Mittag ruhen die Tiere in Nestern, die sie am Boden bauen. Diese Nester sind jedoch normalerweise nicht so aufwendig hergestellt wie diejenigen, in denen die Tiere die Nacht verbringen. Anschließend begeben sich die Tiere bis kurz vor Sonnenuntergang wieder auf Nahrungssuche und durchstreifen ihre Reviere. Dann bauen sie sich neue Schlafnester für die Nacht.

Mir stinkt's!

Erwachsene Silberrücken (was das ist, erklärt Dir Eule Xabi auf Seite 19) können ihren Körpergeruch je nach Situation aktiv beeinflussen und sich dadurch mit ihren Artgenossen verständigen. Forscher haben an Gorillas in der Natur beobachtet, dass Silberrücken bei Gefahr oder Stress in der Gruppe unterschiedlich stark riechen. Dabei ist besonders interessant, dass die Tiere beispielsweise bei der Konfrontation mit einem Rivalen entscheiden können, wie sie reagieren – entweder sie überdecken mit ihrem Geruch alle anderen Gerüche in der Umgebung oder ziehen sich „geruchlos" zurück.

In Wirklichkeit dagegen sind Gorillas sanfte Tiere mit engen Familienbeziehungen

Dicker Bauch

Ist Dir bei einem Besuch im Zoo schon mal aufgefallen, dass Gorillas einen sehr dicken Bauch haben? Viele Menschen denken deshalb, die Gorillas im Zoo seien ungesund ernährt und deshalb so dick. Das ist aber nicht der Fall! Gorillas ernähren sich von Pflanzen mit einem sehr hohen Anteil an Fasern und geringem Energiegehalt. Um die Energie zum Überleben aufzunehmen, muss ein erwachsener Gorilla pro Tag etwa 15 bis 30 Kilogramm an Pflanzenmaterial fressen – diese Menge muss in einem Bauch erst einmal untergebracht werden! Daher haben Gorillas einen sehr großen Magen und einen sehr langen Verdauungsapparat.

Westliche Flachlandgorillas sind nicht so lang behaart wie Östliche Flachlandgorillas oder gar Berggorillas

Westliche Gorillas leben in den Regenwäldern und Sümpfen Gabuns, der Zentralafrikanischen Republik, Äquatorialguineas, der Republik Kongo, Nord-Angolas, Nigerias und Kameruns. Östliche Gorillas bewohnen die tropischen Wälder der Demokratischen Republik Kongo, Ugandas und Ruandas. Die Verbreitungsgebiete beider Arten liegen etwa 1 000 Kilometer weit auseinander.

Östlicher und Westlicher Gorilla unterscheiden sich in Größe und Gewicht sowie in der Länge der Fellhaare. Westliche Gorillas sind etwas heller gefärbt: Ihre Grundfarben sind meist dunkle Grau- und Brauntöne, die bis ins Schwarze variieren können. Bei manchen Exemplaren können auch kastanienbraune Bereiche auf Kopf und Nacken auftreten.

Östliche Gorillas sind dunkler gefärbt, und besonders die Berggorillas haben ein deutlich längeres und zottelig wirkendes Fell.

Östliche Gorillas sind zudem etwas schwerer und größer als Westliche Gorillas: Bis knapp über 200 Kilogramm kann ein erwachsenes Männchen auf die Waage bringen! Die Weibchen bleiben mit 60–100 Kilogramm leichter und kleiner als die Männchen. Damit sind Gorillas die größten heute lebenden Menschenaffen.

Der Östliche Flachlandgorilla, hier ein Silberrücken, ist die größte Unterart des Gorillas und somit die größte Form der Menschenaffen überhaupt

im Kreis: Östlicher Flachlandgorilla

Silberrücken – der Gorillachef

Der Anführer einer Gorillagruppe wird Silberrücken genannt. Im Alter von etwa 12 bis 14 Jahren beginnen junge männliche Gorillas, sich umzufärben. Das bis dahin noch schwarze Rückenfell verfärbt sich dann silbergrau. Das Ausmaß der Graufärbung ist bei den einzelnen Gorillaarten verschieden. Beim Westlichen Gorilla färben sich nicht nur der Rücken, sondern meist auch die Hüfte und die Oberschenkel. Beim Östlichen Gorilla dagegen beschränkt sich die Graufärbung meist auf den Rücken.

Typisch für alle Gorillas sind die vergleichsweise kleinen Augen und Ohren, die großen Nasenlöcher und die ausgeprägten Augenbrauenwülste. Erwachsene Männchen haben einen knöchrigen Scheitelkamm am Schädel, an dem die stark ausgeprägte Kaumuskulatur ansetzt. Dies führt dazu, dass der Kopf außerordentlich mächtig und groß wirkt! Aufrecht stehende Gorilla-Männchen können bis annähernd zwei Meter hoch sein. Die Hände und Füße der Tiere sind breiter und deutlich größer als bei uns Menschen. Der Daumen und die große Zehe sind abgespreizt und können geschickt zum Greifen genutzt werden. Bemerkenswert ist die Armspannweite der Tiere, die bis zu 2,80 Meter betragen kann. Zum Vergleich: Ein Mensch von zwei Metern Größe ist schon sehr groß!

Östlicher Flachlandgorilla

unten: Ein Weibchen des Westlichen Flachlandgorillas in einem Schmetterlingsschwarm

ganz unten: Streit zwischen zwei männlichen Berggorillas

Gorillas haben unterschiedliche Möglichkeiten, sich miteinander zu verständigen. Neben verschiedenen Lautäußerungen teilen sich diese Tiere durch ihren Gesichtsausdruck, die Körperhaltung und Gesten mit. Auch das bekannte Brusttrommeln dient Gorillas dazu, sich zu verständigen.

Gorillas leben in Gruppen von bis zu 32 (Westlicher Gorilla) oder bis zu 65 Tieren (Östlicher Gorilla), wobei ein erwachsenes Männchen, der sogenannte Silberrücken, der Anführer ist. Meist bestehen Gorillagruppen jedoch nur aus rund zehn Mitgliedern. Dem Silberrücken folgen mehrere erwachsene Weibchen mit ihrem Nachwuchs.

Brusttrommeln

Ein Gorilla, der sich aufgerichtet hat und mit den Fäusten auf seine Brust trommelt – das hast Du vielleicht schon mal bei „Tarzan" gesehen.
Früher dachte man, nur der Silberrücken zeige dieses eindrucksvolle Verhalten. Die Forscher glaubten, dass er damit seine Gegner einschüchtern und den anderen Gruppenmit-gliedern sagen möchte: „Ich bin hier der Chef!" Doch falsch gedacht – alle Mitglieder einer Gorillagruppe trommeln sich auf der Brust. Es ist, genau wie unsere Sprache, ein Mittel zur Kommunikation, also zur Verständigung untereinander. Gorillas trommeln, um sich gegenseitig zu begrüßen oder um einander mitzuteilen, wo sie sich gerade im wirren Pflanzendickicht befinden. Und natürlich üben auch die Kleinen das Trommeln schon mal.

Junge Männchen müssen ihre Geburtsgruppe oft verlassen, sobald sie von einem sogenannten Schwarzrücken zu einem Silberrücken werden. Dies geschieht meist im Alter von etwa 12 bis 15 Jahren. Gelegentlich kann es aber auch vorkommen, dass ein nachwachsendes Männchen den Anführer der Gruppe akzeptiert und dann auch weiterhin in der Gruppe geduldet wird. So entstehen Gorillagruppen mit mehreren erwachsenen Männchen, vor allem beim Östlichen Gorilla. Diese Männchen sind meist miteinander verwandt.

In den meisten Fällen wandern jedoch die jungen Männchen ab und versuchen ihre eigene Gorillagruppe zu gründen. Gelegentlich werden sie dabei von einigen Weibchen der Geburtsgruppe begleitet, sodass gleich eine neue Gruppe entsteht. Es kommt aber auch vor, dass Männchen für eine gewisse Zeit als Einzelgänger durch die Wälder streifen oder sich mit anderen Männchen zusammenschließen. Ein solcher Männchentrupp wird Junggesellengruppe genannt, ist jedoch meist nicht stabil – die einzelnen Tiere gehen also wieder getrennte Wege. Auch von den Weibchen verlassen viele ihre Geburtsgruppe, um sich einer anderen Gorillagruppe oder einem einzelnen Gorillamännchen anzuschließen.

Männchen des Westlichen Flachlandgorillas

Dieses Weibchen des Westlichen Flachlandgorillas lässt sich Früchte schmecken

Berggorillas ernähren sich hauptsächlich von Blättern

Östliche Gorillas bewohnen Reviere von 6 bis 28, in seltenen Fällen bis zu 34 Quadratkilometern. Das entspricht etwa 840 bis 4 760 Fußballfeldern! Die Reviere der Westlichen Gorillas sind meist zwischen 1 400 und 2 100 Fußballfelder groß. Bei beiden Arten können sich die Reviere benachbarter Gruppen überlappen. Treffen sich im Freiland zwei Gorillagruppen, dann kommt es nur relativ selten zum Kampf – meist versuchen sich die Tiere einfach aus dem Weg zu gehen. Trotzdem kann eine solche Begegnung auch eskalieren und zu lebensbedrohlichen Auseinandersetzungen führen.

Gorillas ernähren sich rein vegetarisch, fressen also ausschließlich Blätter, Stängel und Früchte verschiedener Pflanzen. Ihre Nahrung sammeln sie nicht nur am Boden, sondern klettern auch in Bäume, um an Leckerbissen zu gelangen. Da die Nahrung der Gorillas im Freiland sehr arm an verwertbarer Energie in Form von Zucker, Eiweiß und Fetten ist, müssen die Tiere davon täglich große Mengen aufnehmen. Aus diesem Grund verbringen Gorillas die meiste Zeit des Tages damit, Nahrung zu suchen und zu fressen.

Dieses junge Weibchen des Westlichen Flachlandgorillas verzehrt Riedgras

Schön und lecker sind die Blüten, die sich dieser Westliche Flachlandgorilla munden lässt

Gorillas sind sehr liebevolle Mütter. Hier ein Berggorilla-Weibchen mit seinem drei Monate alten Baby

Gorillajunge können das ganze Jahr über auf die Welt kommen. Nach einer Tragzeit von achteinhalb Monaten bringt das Weibchen meist ein einzelnes Baby zur Welt. Die kleinen Gorillas wiegen nur etwa 1,4 bis 3 Kilogramm und sind daher meist deutlich kleiner als frisch geborene Menschenbabys. In den ersten Jahren sind sie komplett von der Fürsorge ihrer Mutter abhängig. Während der ersten Lebenswochen tragen die Weibchen ihre Babys am Bauch. Dabei stützt und hält das Muttertier sein Junges oft mit einer Hand. Nach und nach werden die Gorillababys jedoch kräftiger und reiten dann auf dem Rücken der Mutter.

Kleine Gorillas werden sehr lange von ihrer Mutter gesäugt. Erst nach etwa vier bis fünf Jahren werden sie entwöhnt, bekommen dann also keine Milch mehr. Mit etwa 8 bis 14 Jahren werden Gorillaweibchen zum ersten Mal Mutter. Meist ist der Silberrücken in einer Gruppe der Vater aller Jungtiere. Gelegentlich paart sich aber auch ein heranwachsendes junges Männchen mit einem der Weibchen.

Im Gegensatz zu den Gorillamüttern spielen männliche Gorillas bei der Aufzucht der Jungtiere keine große Rolle. Sie kümmern sich nur wenig um die Babys, geben ihnen jedoch in ihrer Gruppe Schutz. Erst wenn die Jungen etwas herangewachsen sind und beginnen, die Welt für sich zu entdecken, kommt es vermehrt zu direkten Kontakten der Jungtiere mit dem Silberrücken.

An Mamas Arm fühlt sich der kleine Westliche Flachlandgorilla sicher

Menschenaffenjunge wie dieser kleine Berggorilla erkunden neugierig ihre Welt

Dieser spielt dann eine wichtige Rolle in der weiteren Entwicklung der halbstarken Gorillas. Durch spielerisches Verhalten zwischen Silberrücken und Jungtier sowie durch Beobachten der anderen erwachsenen Gorillas lernen die Kleinen, wie man sich in der Gorillagesellschaft zu verhalten hat. Du siehst, auch bei Gorillas spielt Erziehung eine große Rolle!

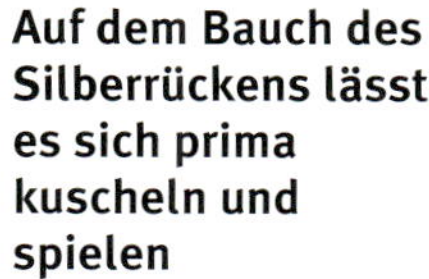

Auf dem Bauch des Silberrückens lässt es sich prima kuscheln und spielen

Handy und Gorilla

Kannst Du Dir vorstellen, was ein Handy und ein Gorilla miteinander zu tun haben? In den Ursprungsländern der Gorillas gibt es Rohstoffe, die für den Bau von Handys notwendig sind. Einer der wichtigsten Rohstoffe ist dabei das Erz Coltan. Dieses seltene und begehrte Roherz wird vorwiegend im Kongo abgebaut, und zwar im Verbreitungsgebiet der stark bedrohten Berggorillas. Durch die Coltan-Minen werden weite Bereiche des Lebensraums der Berggorillas zerstört. Aus diesem Grund ist es so wichtig, alte Handys zur Wiederverwertung der Rohstoffe zu sammeln – außerdem kannst Du auf diesem Weg die Arbeit von Gorillaschützern im Kongo unterstützen. Weitere Informationen darüber findest Du im Internet unter: https://naturschutzbotschafter.fzs.org/de/handy-aktion/aktiv-werden/

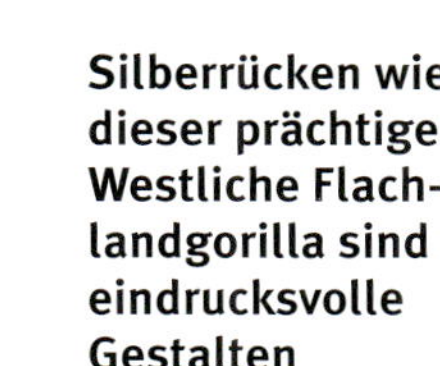

Silberrücken wie dieser prächtige Westliche Flachlandgorilla sind eindrucksvolle Gestalten

Gorillas gehören zu den am stärksten bedrohten Affenarten auf unserer Erde. Besonders der Berggorilla ist vom Aussterben bedroht. Von diesen faszinierenden Tieren gibt es insgesamt nur noch etwa 700 Exemplare! Aber auch die übrigen Gorillaarten und -unterarten sind in ihrem Fortbestand bedroht. Beim Westlichen Flachlandgorilla schätzen Wissenschaftler die Zahl der in Afrika noch in der Natur lebenden Tiere auf etwa 150 000. Eine weitere Unterart des Westlichen Gorillas, der sogenannte Cross-River-Gorilla, steht dagegen kurz vor der Ausrottung. Von dieser Unterart existieren weltweit nur noch geschätzte 250 bis 300 Tiere. Schuld daran, dass es nur noch so wenige Gorillas gibt, ist zum einen die Zerstörung der Lebensräume. Diese werden abgeholzt und in Ackerland umgewandelt. Aber auch die Jagd auf Gorillas und Krankheiten wie Ebola verursachen hohe Verluste. Das Fleisch von Gorillas sowie von anderen Affen und den unterschiedlichsten Säugetieren und Reptilien wird in vielen Ländern Afrikas als sogenanntes „Bushmeat" („Fleisch aus dem Urwald") auf den Märkten der Städte und Dörfer angeboten. Es gilt als Delikatesse und wird teuer verkauft. Daher ist es sehr schwierig, diese Tradition der einheimischen Bevölkerung zu verändern und den Menschen zu vermitteln, dass die bedrohten Tiere nicht im Kochtopf enden sollten. Dazu kommt, dass Schutzmaßnahmen für die Gorillas nicht leicht umzusetzen sind, da auch die Menschen in den Herkunftsländern der Tiere oft große Not leiden. Vor allem im Lebensraum der Berggorillas werden Schutzbemühungen leider durch Kriege sehr erschwert.

Die Zerstörung ihrer Lebensräume und illegale Jagd haben dazu geführt, dass Gorillas vom Aussterben bedroht sind

Wie das Salz in der Suppe

Manchmal fressen Wildtiere Erde oder nagen an Felsen. Warum tun sie das? An diesen Stellen gibt es wertvolle Mineralstoffe, die in ihrer sonstigen Nahrung nicht genügend vorhanden sind.

Schneeflocke

Weltberühmt war der Westliche Flachland-Gorilla „Schneeflocke“. Er wurde 1966 in Äquatorialguinea gefangen und gelangte später in den Zoo von Barcelona in Spanien. Gänzlich weiße Exemplare mit roten Augen von Arten, die normalerweise anders gefärbt sind, gibt es immer wieder. Man nennt sie Albinos. Ein weißer Gorilla ist natürlich besonders spektakulär, und so wurde Schneeflocke zum absoluten Publikumsliebling. Er starb im Jahr 2003.

Einfach mal abhängen! Mutter Borneo-Orang-Utan mit ihrem Baby

Orang-Utans – intelligente Waldbewohner

Unter den Menschenaffen sind die Orang-Utans wohl am besten an das Leben auf Bäumen angepasst. Ihre Arme sind sehr lang und mit einer kräftigen Muskulatur ausgestattet. Darum fällt es Orang-Utans sehr leicht, sich im Regenwald von Ast zu Ast und von Liane zu Liane zu schwingen. Diese Anpassung an den Wald ist so stark und auffällig, dass selbst der Name der Tiere „Orang-Utan" darauf hinweist: Er bedeutet nämlich in der Sprache der Malaien „Waldmensch".

Der Rufer im Wald

Ranghohe Orang-Utan-Männchen rufen im Dschungel. Diese Rufe sind im dichten Urwald noch in mehr als einem Kilometer Entfernung zu hören. Damit stellt das rufende Tier sicher, dass es Informationen über sich weitergibt, lange bevor sich Artgenossen im Kronendach überhaupt sehen können. Weibchen können beispielsweise an den Rufen erkennen, um welches Männchen es sich handelt und wo es sich befindet. Rivalen wird durch die Rufe signalisiert, sich aus dem Revier fernzuhalten.

Die drei Orang-Utan-Arten sehen einander sehr ähnlich. Links ein Männchen von Sumatra ...

... und rechts eines von Borneo

Wie Du schon weißt, gibt es drei Orang-Utan-Arten: den Borneo-Orang-Utan, den Tapanuli-Orang-Utan und den Sumatra-Orang-Utan. Alle drei sind einander sehr ähnlich, unterscheiden sich jedoch in der Farbe des Fells und beim Tapanuli-Orang-Utan auch in der Form des Kopfes. Die Art von der Insel Borneo ist deutlich dunkler gefärbt, meist in einem dunklen, rötlichen Braun. Bei den beiden anderen Arten von der Insel Sumatra herrscht hingegen ein ins Orange gehendes Braun vor.

Orang-Utans sind vergleichsweise klein und werden nur etwa 1,20 bis 1,50 Meter hoch. Die Männchen können dabei etwa 90 bis 100 Kilogramm Körpergewicht erreichen. Weibchen bleiben deutlich leichter und kommen meist nur auf 30 bis 45 Kilogramm. Die Arme von Orang-Utans sind auch im Vergleich zu den Beinen sehr lang und können von Fingerspitze zu Fingerspitze eine Reichweite von mehr als zwei Metern erreichen. Da die große Zehe wie der Daumen der Hand seitlich ausgestellt ist, greifen Orang-Utans mit den Händen und auch mit den Füßen sehr sicher.

Das Besondere an Orang-Utans im Vergleich zu anderen Menschenaffen ist, dass diese Tiere in der Natur nicht in Familien leben, sondern weitgehend als Einzelgänger durch die Wälder streifen. Der Grund dafür liegt darin, dass der Lebensraum in dieser Region nicht genügend Futter bietet, um größere Gruppen zu ernähren. Trotzdem kennen sich die Orang-Utans in einem bestimmten Gebiet, da sich ihre Streifgebiete überlappen.

Hier siehst Du ein Weibchen des Tapanuli-Orang-Utans mit seinem Jungen

Ein Orang-Utan im Meer?

Nein, das ist natürlich kein Affe, sondern eine Krabbe. Da sie aber über und über rötlich behaart ist, heißt sie Orang-Utan-Krabbe.

Es gibt zwei verschiedene Lebensweisen männlicher Orang-Utans. Manche Männchen verfügen über sehr stark ausgeprägte Backenwülste, einen großen Kehlsack und ein langes, zotteliges Rückenfell. Sie nehmen in der Orang-Utan-Gemeinschaft eines Waldes offenbar einen höheren Rang ein, beanspruchen ein größeres Revier und sind sehr standorttreu, wandern also nicht viel umher. Solche Männchen teilen den anderen Orang-Utans ihren Aufenthaltsort durch charakteristische Rufe mit.

Neben diesen standorttreuen Männchen gibt es auch solche, bei denen sich beim Erwachsenwerden nur wenige körperliche Veränderungen zeigen. Sie nehmen offenbar einen niedrigeren Rang ein. Solche Männchen gleichen in Körpergröße und Aussehen den Weibchen, ziehen viel im Wald umher und werden öfter in Gesellschaft anderer Orang-Utans angetroffen.

Wahrscheinlich unterscheiden sich diese beiden Männchen-Typen durch die Konzentration verschiedener Hormone in ihrem Körper. Vor allem das Hormon Testosteron scheint eine Rolle dabei zu spielen, welche körperlichen Veränderungen stattfinden.

Orang-Utan-Männchen ohne Backenwülste können können jedoch unter bestimmten Umständen innerhalb weniger Monate ausgeprägte Backenwülste entwickeln. Sie verändern dann nicht nur ihr Aussehen, sondern auch ihr Verhalten.

Bei ranghohen Männchen von Borneo-Orang-Utans sind die Backenwülste besonders ausgeprägt

Dieser Sumatra-Orang-Utan fühlt sich bedroht und zeigt seine mächtigen Zähne

Was für ein toller Kerl!
Ein altes, ranghohes Männchen von Borneo.

Klettern können bei Orang-Utans schon die Kleinsten

Ein wichtiger Unterschied im Verhalten der beiden Männchentypen findet sich bei der Vermehrung. Weibchen, die bereit sind, Junge zu bekommen, werden durch die Rufe der standorttreuen Männchen angezogen. Wenn so ein Tier dem Weibchen aber nicht „sympathisch" ist, macht es sich einfach davon. Das größere und schwerere Männchen kann es im Kronendach nicht einholen. Rangniedrigere Männchen dagegen sind schneller und wendiger. Sie können daher die Weibchen auch fangen und zur Paarung zwingen.

Weibchen werden meist nur von ihren jüngsten ein bis zwei Jungtieren begleitet. Manchmal treffen sich aber auch mehrere Weibchen und bleiben für einige Tage zusammen, wenn genügend Futter vorhanden ist. Forscher haben beobachtet, dass solche Kurzzeitgruppen vor allem auf der Insel Sumatra entstehen. Dort hält der Wald im Gegensatz zu den Wäldern auf Borneo ein reichhaltigeres Angebot an Früchten bereit. Daher kann der Lebensraum dort auch zumindest zeitweise eine kleine Gruppe ernähren.

Orang-Utans fressen vorwiegend Blätter, Früchte, Rinde, Sämereien und frische Triebe der im Wald wachsenden Pflanzen. Wenn sich die Gelegenheit dazu bietet, fangen sie jedoch auch Krabben, brechen Insektennester auf oder plündern Vogelnester. Forscher haben einige Orang-Utans sogar dabei beobachtet, wie sie kleine Halbaffen erbeuteten.

Obwohl Orang-Utans grundsätzlich bei ihrer Nahrung nicht wählerisch sind, müssen Jungtiere von ihren Müttern lernen, welche Pflanzen genießbar sind und wann in welchem Teil des Waldes leckere Früchte reifen. Bei ihrer Nahrungssuche erweisen sich Orang-Utans als äußerst einfalls- und erfindungsreich.

Kuscheln ist ganz wichtig für die Bindung zwischen Mutter und Jungem

Als Kletterkünstler kann man auch schon mal kopfüber die Haare waschen ...

... oder aus dem Fluss trinken

Sie benutzen viele verschiedene Werkzeuge, um beispielsweise in Asthöhlen nach Bienenhonig zu stochern oder um bestimmte Früchte zu bearbeiten. In einigen Gebieten haben es Orang-Utans gelernt, Stöckchen dazu zu verwenden, um die Samen aus der Neesia-Frucht herauszuholen oder die sehr stachelige und harte Durian-Frucht zu öffnen, ohne sich dabei zu verletzen.

Affenstark!

Erwachsene Menschenaffen sind deutlich stärker als ein Mensch. Es gibt mehrere Erklärungen, warum das so ist. Eine ist beispielsweise, dass wir Menschen eine größere Anzahl von Nervenzellen haben, die für die Steuerung der Muskulatur zuständig sind. Damit können wir unsere Muskeln feiner und gezielter steuern, um beispielsweise einen Faden durch ein Nadelöhr zu fädeln. Menschenaffen verfügen über eine geringere Anzahl dieser Nervenzellen – somit wird durch einen Nervenimpuls eine größere Menge Muskelfasern gesteuert und damit auch mehr Kraft erzeugt.

Auch Affen machen sich ein Bett!

Orang-Utans sind die Meister im Bettenbauen! Das Bett wird täglich rechtzeitig vor Sonnenuntergang neu angefertigt. Dabei gehen die Tiere planvoll vor und flechten sich regelrechte Matratzen, die sie in der Nacht hoch oben im Baum sicher tragen. Zunächst wählen sie dazu einen geeigneten Ast am Baum in der richtigen Stärke als Grundlage für das Nest aus. Anschließend biegen sie weitere Äste nach innen zu einem zentralen Punkt. Während der Orang-Utan auf diesen Ästen sitzen bleibt, beginnt er, weitere Äste unter die tragenden Äste zu verweben. Die Spannung auf den tragenden Ästen wird dabei so groß, dass diese brechen, aber noch mit den Holzfasern am Baum verbunden sind. Der Orang-Utan muss es sich jetzt nur noch bequem in seinem Nest machen. Das tut er, indem er das Bett mit feinsten Ästen und weichen, zarten Blättern auskleidet. Gute Nacht!

Außerdem lernen die kleinen Orang-Utans von ihren Müttern, wie man Dinge als Werkzeug benutzen kann. Orang-Utans verwenden große Blätter als Regenschirm, belaubte Äste als Fliegenklatsche und Ästchen zum Öffnen von Früchten. Blätter unterschiedlicher Größe setzen sie dazu ein, um ihre Rufe zu verändern, also anders klingen zu lassen. Da junge Orang-Utans sehr lange bei ihren Müttern bleiben, um alles Lebensnotwendige zu lernen, bekommen die Weibchen nur etwa alle sieben Jahre ein Junges. Im Alter von sieben bis neun Jahren werden Orang-Utans selbstständig und trennen sich von ihrer Mutter. In freier Wildbahn wird ein Orang-Utan höchstens knapp 60 Jahre alt.

Leider sind auch Orang-Utans stark vom Aussterben bedroht. Die Anzahl der Borneo-Orang-Utans wird von Forschern auf etwa 45 000 bis 69 000 Tiere geschätzt. Von den Sumatra-Orang-Utans gibt es vermutlich nur noch etwa 7 000 Tiere und vom erst im Jahr 2017 entdeckten Tapanuli-Orang-Utan leben wohl nur noch 500 bis 800 Exemplare in den Wäldern des nördlichen Sumatras. Der Hauptgrund für diese niedrigen Zahlen liegt vor allem darin, dass wir Menschen den Lebensraum immer schneller zerstören. Der Regenwald wird abgeholzt, um Palmöl und Holz für die Papierherstellung zu produzieren. Das Palmöl wird beispielsweise als Biokraftstoff genutzt oder zur Herstellung von Lebensmitteln verwendet.

Die drei Orang-Utan-Arten sind vom Aussterben bedroht. Jedes Jungtier hilft daher, sie zu retten.

Junge Orang-Utans bleiben sieben bis neun Jahre bei ihrer Mutter

Dieser junge Schimpanse hat offensichtlich so einiges vor …

Bonobo und Schimpanse – unterschiedliche Vettern

Ein junger Ostafrikanischer Schimpanse

Sicherlich hast Du im Fernsehen oder im Zoo schon einmal Schimpansen gesehen. Aber weißt Du auch, dass es neben dem gewöhnlichen Schimpansen auch noch eine zweite Schimpansenart gibt, die Bonobo genannt wird? Beide Arten sind im tropischen Afrika beheimatet. Während der Schimpanse in Zentral- und Westafrika lebt, kommt der Bonobo ausschließlich in einem kleinen Gebiet in der Demokratischen Republik Kongo vor. Die Verbreitungsgebiete der beiden Arten sind durch Flüsse wie Kongo, Lualaba, Kasai und Sankuru voneinander getrennt. Weder Bonobos noch Schimpansen können diese Flüsse überwinden. Das hat dazu geführt, dass sich so unterschiedliche Schimpansenarten überhaupt erst entwickeln konnten.

Vorsicht, Schlange!

Schimpansen haben ein ausgeprägtes Gespür für Gefahren und sind ständig auf der Hut vor Schlangen. Sie entdecken diese sogar aus weiter Entfernung oder in der Dämmerung. Das Gehirn der Schimpansen reagiert besonders heftig und schnell beim Anblick einer Schlange. Unter Gejohle und Gebrüll versuchen die Tiere, die Schlange zu vertreiben, oder sie wird mit Stöcken von der Gruppe erschlagen.

Bonobos haben eine schwarze Gesichtsfärbung

Da der Bonobo etwas kleiner und zierlicher bleibt als der eigentliche Schimpanse, wird er manchmal auch „Zwergschimpanse“ genannt. Am einfachsten kannst Du Bonobos von Schimpansen unterscheiden, indem Du den Tieren ins Gesicht schaust: Bonobos haben eine schwarze Gesichtsfärbung, bei Schimpansen dagegen ist sie meist fleischfarben. Allerdings dunkelt das Gesicht bei Schimpansen mit dem Alter nach. Grundsätzlich sind Bonobos außerdem viel schlanker, haben grazilere Beine und Arme und einen kleineren Kopf.

Wie alle Menschenaffen kümmert sich auch bei Schimpansen die Mutter intensiv um ihr Junges

Das Besondere an Schimpansen ist, dass sie unsere nächsten Verwandten sind. Diese faszinierenden Menschenaffen unterscheiden sich in weniger als zwei Prozent ihres Erbgutes von uns Menschen. Die nahe biologische Verwandtschaft hat dazu geführt, dass sich viele Forscher weltweit mit Schimpansen und Bonobos beschäftigen – auch um mehr über uns Menschen herauszufinden. Ihre Untersuchungen haben viele wichtige Erkenntnisse ans Licht gebracht. So fanden die Wissenschaftler heraus, dass Schimpansen und Bonobos komplett unterschiedliche Lebensweisen haben. Während bei Schimpansen die Männchen in einer Gruppe das Sagen haben, bestimmen bei den Bonobos die Weibchen, was gemacht wird. Auch der Rang junger Männchen richtet sich in erster Linie nach dem Rang der Mutter.

Schimpansen und Bonobos leben in Gruppen. Hier siehst Du Westliche Schimpansen.

Beide Arten leben in Gruppen, denen sowohl viele erwachsene Männchen als auch Weibchen angehören. Bei Schimpansen können solche Gruppen bis zu 150 Tiere umfassen, während Bonobogruppen mit bis zu 120 Tieren etwas kleiner sind. Meist bestehen Gruppen aber nur aus etwa 35 (Schimpansen) oder 5 bis 22 Exemplaren (Bonobos).

In der Gruppe sind wir stark!

Bei Schimpansen wird der Zusammenhalt einer Gruppe stark durch das Teilen der Nahrung gefördert. Wer seinem Artgenossen etwas von seiner Nahrung abgibt, fühlt sich hinterher besser, da sein Körper ein Kuschelhormon ausschüttet. In der freien Wildbahn ist es für jedes einzelne Mitglied einer Gruppe überlebenswichtig, Hilfe anzubieten und Hilfe anzunehmen. Nur mit bedingungslosem Zusammenhalt gelingt es der Gruppe, Feinde in die Flucht zu schlagen, Tiere zu erbeuten, Nahrung zu sammeln, Jungtiere aufzuziehen und verwaiste Junge zu integrieren.

Auch Menschenaffen tragen Trauer

Die Gefühlswelt der Menschenaffen scheint sich nicht allzu sehr von der von uns Menschen zu unterscheiden. Diese hoch entwickelten Tiere können beispielsweise Freude, Liebe, Neid und Hass verspüren. Besonders auffällig wird diese Fähigkeit, unterschiedliche Emotionen zu fühlen, wenn ein Mitglied beispielsweise einer Gorilla- oder Schimpansengruppe stirbt. Menschenaffen nehmen richtiggehend Abschied vom Gruppenmitglied. Dabei werden die Tiere sehr ruhig und berühren andächtig den toten Körper. Menschenaffenmütter, deren Baby gestorben ist, tragen das tote Junge teilweise mehrere Tage weiter mit sich herum. Dabei sondern sie sich vom Rest der Gruppe ab, bevor sie das Junge schließlich loslassen können.

Kleine Jungtiere halten viel Körperkontakt, auch wenn ihre Mutter klettert

Der kleine Bonobo genießt das Kuscheln mit seiner Mutter

Als einzige Menschenaffenarten haben Schimpansen- und Bonoboweibchen deutliche Schwellungen im Genital- und Gesäßbereich. Sie signalisieren den Männchen, wann ein Weibchen Junge bekommen kann.
Die Tragezeit beträgt beim Schimpansen etwa 230 Tage und beim Bonobo zwischen 224 und 239 Tage. Meist wird ein einzelnes Jungtier geboren. In seltenen Fällen gibt es aber auch bei Schimpansen und Bonobos Zwillinge. In der Natur werden Schimpanse und Bonobo höchstens etwa 50 Jahre alt. Im Zoo dagegen erreichten einzelne Schimpansen und Bonobos ein deutlich höheres Alter: Der Rekord liegt bei 66 Jahren für einen Schimpansen und bei 64 Jahren für ein Bonoboweibchen.

Schimpansen-medizin

Schimpansen in der Natur wurden dabei beobachtet, dass sie bei Infektion durch Parasiten gezielt bestimmte Pflanzen fraßen. Wissenschaftler haben die Wirkung der Inhaltsstoffe dieser Pflanzen auf Darmparasiten untersucht und festgestellt, dass sie die Parasiten schädigen. Schimpansen wissen also, wie sie ihre Erkrankung selbst behandeln können! Echt clever, oder?

Beide Arten nutzen sowohl den Boden als auch Bäume als Lebensraum. Im Geäst sind ihre Bewegungen wesentlich geschickter als auf dem Boden, wo sie sich meist im Knöchelgang fortbewegen. Sie stützen sich also nicht auf die Handflächen auf, sondern auf die Knöchel.

Im Wesen und im Umgang in der Gruppe unterscheiden sich die Arten stark voneinander. Bonobos sind untereinander weniger aggressiv als Schimpansen.

Geschickt und kraftvoll turnen Schimpansen durch die Baumkronen

Während der alte Schimpanse ruht, machen die zwei Jungen Rabatz!

Dieser Ostafrikanische Schimpanse sammelt in seinem Maul mehrere Früchte, um sie dann an einem ruhigen Plätzchen zu verzehren

Früchte zählen zu den Lieblingsspeisen von Schimpansen

Schimpansen und Bonobos ernähren sich überwiegend von Früchten, Blüten und Blattwerk. Aber auch Sämereien, Nüsse, Honig, Vogeleier, Säugetiere und Insekten stehen ganz oben auf ihrer Speisekarte. Schimpansen schließen sich regelmäßig zu Jagdgesellschafen zusammen, um andere Affen, Vögel und sogar Buschschweine und kleine Antilopen zu jagen. Dabei arbeiten die Tiere zusammen: Ein Teil der Gruppe jagt die Beutetiere in die Arme der im Hinterhalt wartenden Artgenossen. Nach der Jagd wird die Beute unter den Schimpansen aufgeteilt, die daran beteiligt waren. Im Tai-Nationalpark in der Elfenbeinküste beobachteten Forscher, dass die dort lebenden Schimpansen etwa alle drei Tage jagen gehen.

Lange Zeit dachte man, solche Jagden würden nur von Männ-

Warnsystem

Schimpansen warnen andere Gruppenmitglieder vor einer möglichen Gefahr – beispielsweise vor einem Leoparden, wenn die Artgenossen diese noch nicht bemerkt haben. Das bedeutet, dass Schimpansen sich in andere Gruppenmitglieder einfühlen können und ungefähr wissen, über welche Informationen diese verfügen.

Schimpansen und Bonobos machen gezielt Jagd auf kleinere Tiere. Diese Ostafrikanischen Schimpansen haben das Kitz eines Buschbocks erbeutet.

chen durchgeführt. Mittlerweile wurden aber auch Schimpansenweibchen als Teilnehmer beobachtet. Erst vor Kurzem konnte außerdem nachgewiesen werden, dass auch die untereinander so friedlichen Bonobos auf Affenjagd gehen, um ihren Fleischbedarf zu decken.

Leider sind Schimpansen und Zwergschimpansen stark in ihrem Bestand bedroht. Schuld daran sind Wilderei, Rodung und die Zerstörung des Lebensraums. In manchen Ländern gelten die Tiere zudem als Delikatesse und werden aus diesem Grund stark bejagt.

Ihre mächtigen Reißzähne, ihre Geschicklichkeit und Kraft machen Schimpansen zu gefürchteten Jägern

Schokolade enthält oft Palmöl

Süßigkeiten und Waschmittel – was hat das mit Menschenaffen zu tun?

Süßigkeiten, Waschmittel, Computer, Biotreibstoffe und noch unendlich viele andere Dinge sind für uns heute im Alltag selbstverständlich. Aber was aber hat das mit den Menschenaffen zu tun? Die Rohstoffe, die zur Herstellung vieler dieser Waren benötigt werden, stammen aus dem Lebensraum der Menschenaffen. Besonders das Öl der Ölpalme spielt dabei eine große Rolle. Es wird unter anderem verwendet, um Waschmittel, Kosmetik, Lebensmittel, Süßigkeiten und Biotreibstoff herzustellen. Das Problem dabei ist, dass Ölpalmen in Monokulturen angepflanzt werden. Das sind riesige Flächen, auf denen nichts anderes wächst als Ölpalmen.

Hier siehst Du die Früchte der Ölpalme, aus denen das Öl gewonnen wird

Wo solche gigantischen Ölpalmen-Plantagen angelegt werden, ist für Menschenaffen kein Platz mehr

links und oben: **Leider werden die Lebensräume von Menschenaffen überall immer weiter zerstört**

All diese Produkte und noch viele weitere können Palmöl enthalten

Um den Platz dafür zu gewinnen, wird der Urwald abgeholzt, also der Lebensraum der Menschenaffen. Die gefällten Urwaldbäume werden verwendet, um daraus Möbel aus Tropenholz oder um Papier herzustellen. Auf einer Ölpalmenplantage aber können weder Menschenaffen noch viele andere Tiere überleben!

Den Beitrag, den Du gemeinsam mit Deiner Familie für den Erhalt der Lebensräume unserer Menschenaffen leisten kannst, ist, mit „Köpfchen" einzukaufen. Achtet zum Beispiel beim Kauf von Toiletten-, Küchen- und Schreibpapier darauf, dass es aus wiederverwertetem Papier hergestellt ist. Bei Lebensmitteln, Waschmitteln und Körperpflegeprodukten sollte kein Palmöl enthalten sein. Auf der Internetseite www.abenteuer-regenwald.de kannst Du mehr über Palmöl und die dadurch verursachten Probleme erfahren. Wenn jeder von uns aktiv einen kleinen Beitrag zum Erhalt der Lebensräume der Menschenaffen leistet, ist das ein großer Schritt nach vorne!

Ein Westlicher Schimpanse fischt mit einem Stöckchen leckere Algen aus dem Wasser

Menschenaffen als Werkzeugbauer

Ohne Werkzeuge wäre ein modernes Leben nicht vorstellbar! In der Vergangenheit haben unsere Vorfahren festgestellt, dass manche Dinge viel leichter zu erledigen sind, wenn sie dafür Werkzeuge verwendeten. Manche Aufgaben lassen sich sogar überhaupt nur mithilfe von Werkzeugen lösen. Wie sich der Werkzeuggebrauch entwickelt haben könnte, lässt sich an den heute lebenden Menschenaffen beobachten. Bei allen Menschenaffenarten wurde nachgewiesen, dass sie Werkzeuge anfertigen

Mit einem Stöckchen lässt es sich auch wunderbar im Ohr kratzen!

Insektenangel

Menschenaffen sind tolle Erfinder! Schimpansen fertigen sich regelrecht ganze „Werkzeugkästen", um damit unterschiedliche Insekten zu erbeuten. Stöckchen werden zur Insektenjagt auf unterschiedlichste Weise präpariert, zurechtgekaut oder ausgefranst. Auch die Länge und der Durchmesser der Stöckchen überlassen die Affen nicht dem Zufall! So gelingt es den Tieren, Termiten und leckere Ameisen aus Höhlen zu pulen.

und gebrauchen. Bei Schimpansen und Orang-Utans ist das häufiger der Fall als bei den übrigen Arten.

In Westafrika wurden Schimpansen regelmäßig dabei beobachtet, wie sie mit verschiedenen Werkzeugen Nüsse knackten, um an die wohlschmeckenden Kerne zu gelangen. Während manche Schimpansen dazu grobe Holzklötze als Hammer und Amboss nutzten, verwendeten andere entsprechend geformte Steine.

Aus einem Blatt macht das Trinken diesem jungen Schimpansen viel mehr Spaß

Mit einem langen Stock stützt sich der Bonobo ab, während er einen Teich durchquert

Mit einem Hut aus Blättern schützt Mutter Orang-Utan sich und ihr Baby vor dem Regen

Mit einem Stein knackt dieser Schimpanse Nüsse

Besonders interessant ist, dass es dieses Verhalten offenbar schon seit Langem gibt. Wissenschaftler haben im Tai-Nationalpark sogenannte „Schimpansen-Werkstätten“ gefunden. Dort haben Schimpansen schon vor etwa 4 300 Jahren auf die gleiche Weise Nüsse geknackt. Dies ist ein Hinweis darauf, dass Schimpansen das Wissen darüber, wie Werkzeuge verwendet werden, von Generation zu Generation weitergeben.

Ein verblüffendes Beispiel von Werkzeuggebrauch wurde erst vor wenigen Jahren entdeckt. Primatologen – das sind Forscher, die sich mit Affen beschäftigen – konnten beobachten, dass Schimpansen im Senegal Speere herstellten und damit Jagd auf kleine, nachtaktive Halbaffen machten. Dazu befreiten sie Äste von Seitentrieben und spitzten das Ende mit ihren Zähnen an.

Besonders Aufwendig ist die „Werkzeugkiste“, die Schimpansen verwenden, um Honig aus unterirdischen Bienenstöcken zu ernten. Insgesamt setzen sie dazu fünf verschiedenartig geformte und bearbeitete Sorten von Stöcken ein. So dienen dünne, gerade Stöckchen dazu, um im Boden zu stochern und dadurch die Bienennester zu entdecken. Mit dicken, stumpf endenden Stöcken brechen sie dann die äußere Wand des Nests auf. Dünne, hebelartige Stöckchen eignen sich dazu, die Wände der Waben im Bienenstock zu durchbrechen. Stöcke mit ausgefransten Enden setzen die Schimpansen dazu ein, den Honig wie mit einem Pinsel aufzutunken. Oder sie schöpfen ihn mit löffelartig breiten Stöcken aus der Erde.

Jungtiere erlernen den Werkzeuggebrauch von den älteren Artgenossen

Zoos spielen eine wichtige Rolle beim Artenschutz

Menschenaffen im Zoo

Gorillas, Schimpansen und Orang-Utans werden bereits seit vielen Jahrzehnten in Zoos gepflegt. In früheren Zeiten bestand die Herausforderung darin, die Tiere langfristig gesund und am Leben zu erhalten. Das Wissen über die Menschenaffen und ihre artgerechte Pflege war damals noch nicht vorhanden und musste erst gewonnen werden. Seit etwa Mitte des letzten Jahrhunderts stellten sich erste Erfolge bei der Haltung und Vermehrung von Menschenaffen ein. Der erste Gorilla in menschlicher Obhut wurde 1956 im Columbus Zoo in den USA geboren, der erste Bonobo in einem Zoo kam im Jahre 1962 im Zoo Frankfurt zur Welt.

Die süßen Jungtiere von Menschenaffen sind im Zoo natürlich eine große Attraktion!

Wie Du schon gelesen hast, werden heute alle Menschenaffenarten als bedroht oder stark bedroht eingestuft. Die wichtigsten Gefährdungsursachen sind die Zerstörung des Lebensraumes durch Abholzung, den Abbau von Metallen oder die Umwandlung der Lebensräume in Monokulturen. Aus diesem Grund haben sich Zoos weltweit zusammengetan, um für die von ihnen gepflegten Menschenaffenarten Zuchtprojekte aufzubauen. In Europa gibt es für Bonobo, Schimpanse, Sumatra-Orang-Utan, Borneo-Orang-Utan und den Westlichen Flachland-Gorilla Erhaltungszuchtprogramme. Man nennt sie EEP = Europäisches Erhaltungszuchtprogramm. Wenn Du einen Zoo besuchst, unterstützt Du damit auch die Bemühungen der Zoos, Menschenaffen in menschlicher Obhut und in der Natur zu erhalten.

Ein Zoobesuch im Affenhaus

Sicher wirst Du bei Deinem nächsten Zoobesuch aufmerksamer auf die dort gepflegten Affen blicken. Wenn Du Dir die Zeit nimmst, eine Menschenaffengruppe zu beobachten, kannst Du das eine oder andere Dir bekannte Verhaltensmuster erkennen. Schau Dir doch einmal an, wie Menschenaffenmütter mit ihren Jungen umgehen, wie sie mit ihnen spielen, zärtlich sind, aber wie sie auch strafen, wenn die Kinder „unartig" waren. Das kommt Dir doch sicherlich bekannt vor ...

Auch im Zoo setzt sich ein Orang-Utan schon mal gerne einen Hut auf ...

Großes Menschenaffen-Quiz

Du hast nun sehr viel über Menschenaffen erfahren und bist ein richtiger Experte für diese Tiere geworden. Hast Du Lust, Dein Wissen bei einem Quiz zu testen? Dann kreuze mit Bleistift die Antworten an, die Du für richtig hältst. Manchmal stimmen auch mehrere Möglichkeiten. Auf Seite 56 findest Du die Auflösung!

1. Wie viele Menschenaffenarten gibt es?

a) acht ❍
b) zwölf ❍
c) 22 ❍

2. Wo leben Gorillas?

a) in Afrika ❍
b) in Asien ❍
c) in Amerika ❍

3. Wie verständigen sich Orang-Utans über weite Strecken?

a) Sie schreiben mit Werkzeugen eine Art Briefe auf Blätter ❍
b) Sie rufen ❍
c) Sie klopfen mit einem Ast gegen einen Baum ❍

4. Wer hat in einer Bonobogruppe das Sagen?

a) Die Jungen ❍
b) Die Weibchen ❍
c) Die Männchen ❍

5. Wie heißt eine bekannte, ausgestorbene Menschenart?

a) Der Rheinländer ❍
b) Der Niederländer ❍
c) Der Neandertaler ❍

6. Was bedeutet Orang-Utan?

a) Waldmensch ❍
b) Roter Affe ❍
c) Orangen-Sammler ❍

7. Wie fangen Schimpansen Ameisen und Termiten?

a) Sie graben das Ameisen- oder Termitennest aus ❍
b) Sie verwenden Stöckchen, um in den Ameisen- und Termitennestern nach Tieren zu „angeln“ ❍
c) Sie klopfen so lange am Nest, bis die Ameisen und Termiten freiwillig herauskommen ❍

8. Wie alt kann ein Bonobo werden?

a) 13 Jahre ❍
b) Über 60 Jahre ❍
c) 48 Jahre ❍

9. Was ist ein Silberrücken?

a) Ein alter Mann ❍
b) Der Chef in einer Gorillagruppe ❍
c) Der Opa in einer Schimpansengruppe ❍

10. Wie lange bleiben Orang-Utan-Junge bei ihrer Mutter?

a) zwei bis drei Jahre ❍
b) sieben bis neun Jahre ❍
c) mindestens zwölf Jahre ❍

11. Wie schwer kann ein erwachsenes Gorillamännchen werden?

a) 98 Kilogramm ❍
b) 130 Kilogramm ❍
c) 200 Kilogramm ❍

12. Wodurch sind Menschenaffen bedroht?

a) Durch die Zerstörung ihres Lebensraumes ❍
b) Durch die Jagd ❍
c) Durch Seuchen wie beispielsweise Ebola ❍

13. Welche Menschenaffen sind die nächsten Verwandten von uns Menschen?

a) Gorillas ❍
b) Orang-Utans ❍
c) Schimpanse und Bonobo ❍

14. Welche Bedeutung hat das Brusttrommeln der Gorillas?

a) Es bereitet ihnen Spaß ❍
b) Die Tiere verständigen sich dadurch miteinander ❍
c) Sie erschrecken damit gerne Besucher im Zoo ❍

15. Wie nennt man die Forscher, die sich wissenschaftlich mit Affen beschäftigen?

a) Primaner ❍
b) Proleten ❍
c) Primatologen ❍

16. Welche Gesichtsfarbe haben Bonobos?

a) Schwarz ❍
b) Fleischfarben ❍
c) Das wechselt je nach Stimmung des Tiers ❍

17. Warum haben Gorillas einen dicken Bauch?

a) Weil sie zu viel Ungesundes fressen ❍
b) Weil sie nur Pflanzen mit wenig Energiegehalt fressen ❍
c) Weil sie sich zu wenig bewegen ❍

18. Was ist „Bushmeat"?

a) Ein in Afrika gerne gegessenes und sehr nahrhaftes Mark eines großen Busches ❍
b) Fleisch, das über einem Feuer aus besonderen afrikanischen Büschen gegrillt wird ❍
c) Fleisch verschiedener Wildtiere – auch von Menschenaffen –, das in Afrika für den menschlichen Verzehr angeboten wird ❍

19. Über welche besondere Art der Kommunikation verfügen nur Silberrücken?

a) Silberrücken können durch ihren Körpergeruch kommunizieren ❍
b) Sie kommunizieren mit Buschtrommeln ❍
c) Sie können pfeifen ❍

20. Was bestimmt den Rang eines jungen Bonobomännchens?

a) Der Rang seiner Mutter ❍
b) Die Haarlänge des Fells ❍
c) Das Körpergewicht ❍

„Sag mal, hättest Du die richtigen Antworten zum Quiz gewusst?"

Ein junger Bonobo

Lösungen zum Menschenaffenquiz

1) a: Es gibt acht Arten von Menschenaffen, den Menschen eingeschlossen.
2) a: Gorillas leben in Afrika.
3) b: Um sich über weite Strecken zu verständigen, rufen Orang-Utans.
4) b: Bei Bonobos haben Weibchen das Sagen.
5) c: Die Neandertaler sind eine bekannte Menschenart, die schon lange ausgestorben ist.
6) a: Orang-Utan bedeutet „Waldmensch".
7) b: Schimpansen „angeln" Ameisen und Termiten mit Stöckchen.
8) b: Im Zoo kann ein Bonobo über 60 Jahre alt werden.
9) b: Der Silberrücken ist der Chef einer Gorillagruppe.
10) b: Junge Orang-Utans bleiben sieben bis neun Jahre lang bei ihrer Mutter.
11) c: Ein Silberrücken kann bis 200 Kilogramm auf die Waage bringen.
12) a, b und c: Leider sind Menschenaffen durch Zerstörung ihres Lebensraums, Jagd und Seuchen bedroht.
13) c: Unsere nächsten Verwandten sind Schimpansen und Bonobos.
14) b: Gorillas trommeln auf die Brust, um sich untereinander zu verständigen.
15) c: Primatologen sind Forscher, die sich mit Affen beschäftigen.
16) a: Das Gesicht des Bonobos ist schwarz.
17) b: Die Nahrungspflanzen der Gorillas sind energiearm. Darum müssen sie davon sehr viel fressen – und solche Mengen passen nur in einen dicken Bauch.
18) c: Bushmeat ist Fleisch verschiedener Wildtiere, das in Afrika verkauft und gegessen wird.
19) a: Silberrücken verständigen sich über ihren Körpergeruch.
20) a: Je höher der Rang seiner Mutter, desto höher auch der Rang eines jungen Bonobomännchens.

Entdecke die Reihe mit der Eule!

Entdecke die Eulen

Entdecke die Greifvögel

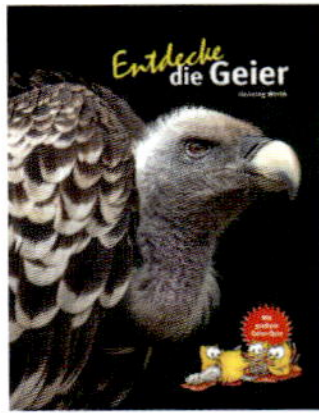

Entdecke die Geier

Entdecke die Rabenvögel

Entdecke die Spechte

Entdecke die Finken

Entdecke die Spatzen

Entdecke die Eisvögel

Entdecke die Zugvögel

Entdecke die Singvögel

Entdecke die Meisen

Entdecke die Kraniche

Entdecke die Störche

Entdecke Schwäne, Gänse & Enten

Entdecke die Möwen

Entdecke die Pinguine

Entdecke die Papageien

Entdecke die Kolibris

Entdecke die Fledermäuse

Entdecke die Hunde

Entdecke die Schafe

Entdecke die Ziegen

Entdecke die Kühe

Entdecke die Pferde

Entdecke die Esel

Entdecke die Igel

Entdecke die Maulwürfe

Entdecke die Waschbären

Entdecke die Biber

Entdecke die Otter

Entdecke heimische Wildtiere

Entdecke die Wölfe

Entdecke die Bären

Entdecke die Tiger

Entdecke die Menschenaffen

Entdecke Affen und Lemuren

Entdecke die Hyänen

Entdecke die Pandas

Entdecke die Elefanten

Entdecke die Nashörner

Entdecke die Giraffen

Entdecke die Antilopen

Natur und Tier - Verlag GmbH
An der Kleimannbrücke 39/41 · 48157 Münster

Telefon: 0251 - 13339-0 · Fax: 0251 - 13339-33
E-Mail: verlag@ms-verlag.de · www.ms-verlag.de